JN440751

꽃에게
말을 걸다

꽃잎에 새긴 詩가 모여,
당신에게 말을 걸다

꽃에게 말을 걸다

동행 여섯 번째 동인지

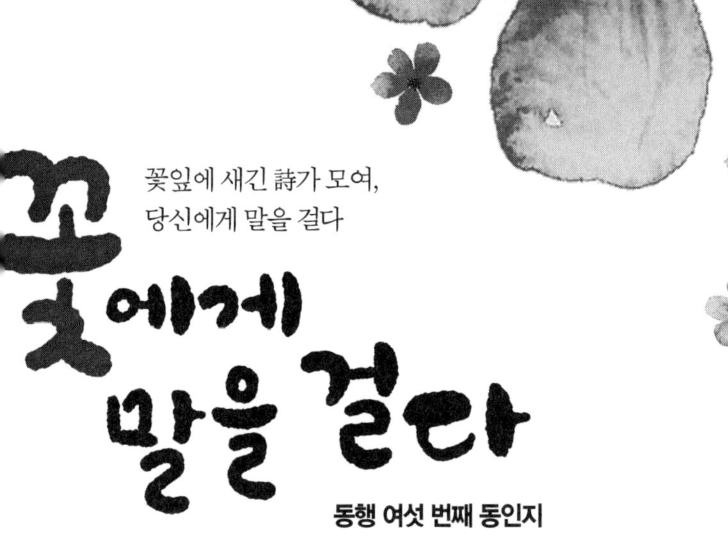

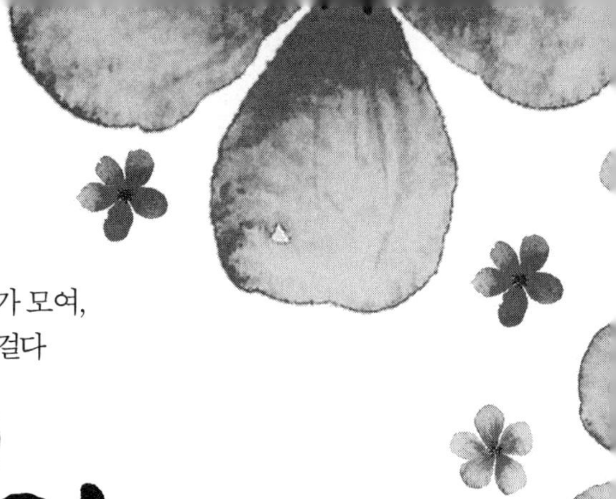

강미자 김경희 김금희 김수정 김순희 김혜경
박동숙 배옥순 성정희 송명자 우길선 유현숙
이수진 이숙희 한진숙 허연희

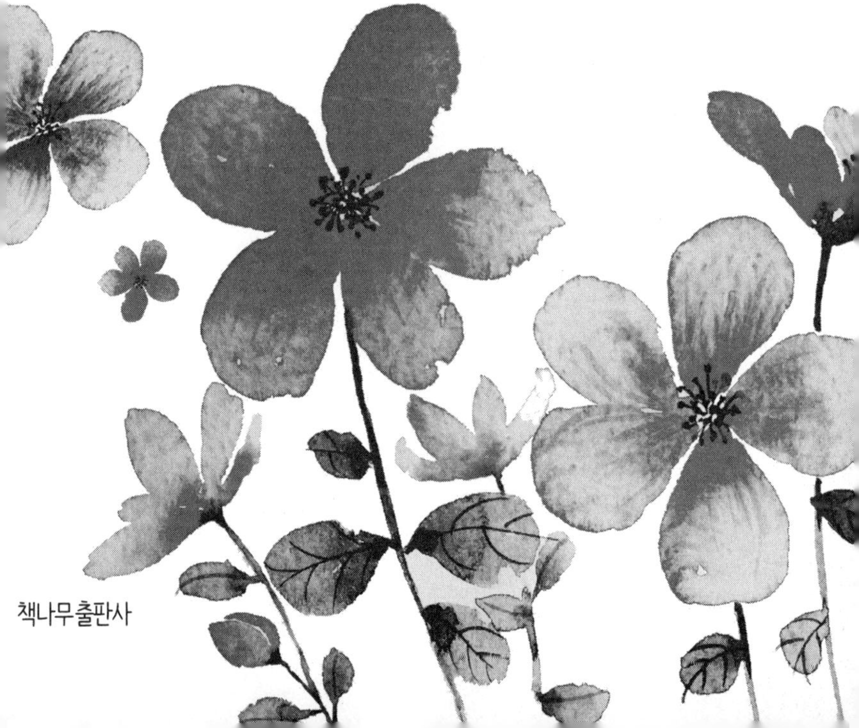

책나무출판사

| 목차 |

강미자

기다림 · 9 / 모닥불 · 10 / 나무 · 12 /
푸른 달빛 · 13 / 촛불 · 14

김경희

자석 · 19 / 벼룩이 간 · 20 / 참깨 · 21 /
꽃신 · 22 / 네 생각 · 23

김금희

젖은 · 27 / 입춘 · 28 / 돌갓김치를 먹으며 · 30 /
섬광처럼 · 32 / 신간新刊 · 33

김수정

눈밥 · 37 / 희망 요양원 · 38 / 장구 · 40 /
아들의 길 · 42 / 동지冬至 · 44

김순희

충돌증후군 · 49 / 푸른 방 · 50 / 그늘 속에 품다 · 52 /
폐허 · 54 / 장수 전략 · 56

김혜경

별 별 별 · 61 / 벚꽃 · 62 / 멸치 · 63 /
윷놀이 · 64 / 하루 · 66

박동숙

인생 나무 · 69 / 천사의 나팔꽃 · 70 / 마음에 닿는 눈빛 · 71 /
꿈이 뭐야 · 72 / 세월의 섭리 · 74

배옥순

분홍 원피스 · 79 / 간지럼 나무 · 80 / 돌 · 81 /
꽃이 웁니다 · 82 / 겨울잠 · 83

성정희

시와 변비 · 87 / 참깨 자긍심 · 88 / 부부 · 90 /
4월 예찬 · 91 / 효의 거리距離 · 92

송명자

봄, 그 자리에 · 95 / 선운사 이야기 · 96 / 갯골 소금 창고의 추억 · 98 /
꿈 꾸는 우리 동네 · 100 / 아버지 거기 계신다 · 102

우길선

나뭇가지 끝에서 바라보는 · 107 / 구름이 그려 놓은 가을 · 108 /
다래끼 · 109 / 도라지를 볶으며 · 110 / 고요한 것들 · 111

유현숙

얼룩진 편지 · 115 / 눈물의 서 · 116 / 네 곁에 있어 줄게 3 · 118 /
생각의 깊이 · 120 / 멍에 · 122

이수진

사립문 · 127 / 억새 · 128 / 나의 어머니 · 130 /
겨울 바닷가에서 · 132 / 무엇으로 채울까 · 134

이숙희

나른한 식욕 · 139 / 저녁이 오기 전에 · 140 / 종로 피맛골에서 · 141 /
초저녁의 송도 · 142 / 여백 · 143

한진숙

바다를 담은 편지 · 147 / 윷놀이 · 148 / 나비가 되어 날다 · 149 /
추모공원에서 · 150 / 요양원 · 152

허연희

단풍 · 155 / 갱년기 · 156 / 다짐 · 157 /
인생무상 · 158 / 삐딱선 · 159

강미자

기다림 / 모닥불 / 나무
푸른 달빛 / 촛불

세종문학회 회원, 문화선교학교 도예 교사

기다림

먼 곳을 바라보는 마음
저 멀리 보이는 찻길을 바라본다

뿌연 흙먼지 날리며 달려오는
버스를 기다리데

통영장에 가신 어머니를
마중 나온 두 소녀

멀리 불빛이 보이고
버스가 멈춘다

버스에서 내려오시는 어머니 손에
건어물과 상처 난 사과가 들어있는 봉지

엄마와 두 소녀 손 잡고 집으로 가는 길
노을 속에 묻어나는 행복

모닥불

조각조각 쪼개진 마음
하나 되어 불이 되고

언 손 녹여 주고 언 가슴 데워주는
모닥불 되어

공사장에서 추위에 떠는
인부들의 몸을 녹여 주고

배고픈 이들을 위해 아궁이로 들어가
온몸을 불살랐지

강가로 가서 얼음 위에서 놀이하는
어린 고사리 같은 손도 녹여 주었네

조각난 몸들이 하나가 될 때
용광로처럼 타오르는 모닥불 되어

얼어붙은 마음을 녹이고

추위에 떠는 이들의 몸을 녹여 주었네

나무

힘들고 지칠 때 찾아가면
지친 몸과 마음을 감싸주고

계절마다 다른 옷으로
갈아입어도 언제나
변함없이 날 기다려 주는 마음

쉼이 필요할 때면 나무 아래서
느껴지는 싱그런 향기

바람이 나뭇잎을 흔들어
나의 땀을 식혀주고
그 자리를 지켜주는 좋은 친구

참 좋은 내 친구

푸른 달빛

오두막을 환히 비추는 달빛
사랑하는 여인이 그리워

긴 밤을 새우며
써 내려가는 연서

먼 산바람에 억새들의 합창 소리
적막을 깨우는데

달빛은 나뭇가지에 걸터앉아
물끄러미 방안을 들여다본다

촛불

세상의 어둠을 밝히고
성스럽고 거룩하게 살아가라고
파르르 뜨는 나의 몸짓

아름다운 신랑 신부를 바라보며
심지가 견고하여 흔들리지 말고
잘 살아가라고 고운 눈으로 바라본다

자신을 녹여서 희생하여
서로서로 사랑하라고
소리 없는 눈물이 몸속으로
조용히 흘러내린다

삼십 년을 내 품에 안고 키워서
짝을 찾아 새 둥지로 너를 떠나보내며

내 심줄이 녹고 살점이 녹아도
너의 행복을 위해 기도하며 살았던 나날들
기쁨의 눈물이 흘러내린다

어떤 눈물보다 더 뜨거운

눈물의 의미를 너는 알겠니?

*

김경희

자석 / 벼룩이 간 / 참깨
꽃신 / 네 생각

—

광주광역시, 1966년생, 간호조무사, 현재 삼성서울병원 계약직 근무

자석

자석 두 개
스치는가 싶더니
비틀 휘청 튕겨지나 싶더니
팽그르르 돌아
찰
칵
붙
었
다

벼룩이 간

정말 맛있어
먹어도 먹어도 질리지가 않아
한번 먹어보면 멈출 수가 없어
일종의 중독이랄까
간에 기별도 안 갈 거라고?
흔하디흔한 벼룩이들이 천지인 걸 뭐
먹기도 편하지
지렁이보다 훨 나아
한 번의 꿈틀임조차 없어
미안하지 않냐고?
오히려 신기하지
간이 없어도 살더라니까

참깨

고소한 참기름
한 병에
참깨는 몇 알이 필요할까?
탈탈 털리고
달달 볶일 거란 걸 몰랐겠지
으깨지고 바스러져
기름기 한 방울 남지 않은 빈껍데기
깻묵 되고
거름 될 줄 몰랐겠지

꽃신

꽃신 신을래
분홍 꽃신 신고 걸어가는 길
깜깜한 밤이
하나도 무섭지 않고
하얀 안개 자욱해도
두렵지 않고
가파른 오르막도
지치지 않고
넘어지고 뒹굴어도 웃을 수 있게

꽃신 신었네
하얀 꽃신 신고 떠나가는 길
세상 모든 길이 걸을 만하지
사뿐사뿐 폴짝폴짝
발길마다 피고 지는
어여쁜 꽃송이들
살며시 뒤돌아보니
햇살 따스한 봄날이었네
눈물 나게 아름다운 꽃길이어라

네 생각

흙먼지 폴폴 날리는 가슴팍에
날아온 풀씨
뭣땜씨
왜케 잘 자라
뭣땜씨

김금희

젖은 / 입춘 / 돌갓김치를 먹으며
섬광처럼 / 신간 新刊

—

2006년 월간 「문학세계」 수필, 2011년 계간 「시에」 시 등단, 시집 「시절을 털다」, 「꽃에도 무게가 있다」

젖은

호수에 발 담고 있는 버드나무처럼
냇가에 핀 물봉선화처럼
언제부터인가 내 말은 늘 젖어 있다

무엇이 내 생의 물관을 타고 올라
늘 축축하게 젖게 하는지
말간 호수 빤히 들여다본다
이 잡듯 냇가를 뒤져 본다

생의 밑바닥 친,
차마 흐르지 못한
가녀린 꽃봉오리에 잡혀버린 어둠

스러져 가는 혈관에 새로이 주입할
희망의 주사가 이토록 어려운 것인지
생의 막다른 옷 갈아입으려 할 때
비로소 알게 되었다

입춘

몸이 기억하는 햇것의 시간
창밖은 며칠째 한파 거리의 모든 전언은
티브이가 받아쓰고 있다 자라목이 된 거리
사느라 애쓴 걸음들 가쁜 숨 고르고 있다
달의 온도가 맛을 바꾸는데 걸린 시간은
딱 한 뼘, 한파를 무시하고 있다
봄동을 샀다
봄의 보증수표 같은 겉절임 입맛 돋아
파릇파릇해진 식탁
냉장고 문을 열었다
계획된 겨울이 늘 상주하는 곳
반짝반짝 헤엄치고 있는 자잘한 멸치 떼
꽈리고추 쪽파 시금치를 샀다
수미네 레시피*는 엄마 언 강 풀리는 손맛
꽈리고추 멸치조림 파김치 시금치 겉절임이 뚝딱
얼고 풀리기를 수없이 반복한 쫀득한 봄
달의 체온에 맡긴 인고의 시간
흔들림 없는 기준점 몸은 맛을 기억하고

맛은 사랑을 복기하고 있다

* 모 방송국 요리 프로그램 '수미네 반찬'

돌갓김치를 먹으며

씨앗 하나 단단한 껍질 벗는다
어머니 자궁에서 알았을 자궁 밖
윤슬 금강석처럼 반짝이는 바다
푸른 새벽빛같이 신비로운
붉은 우수가 넘쳐 뱃고동이 서글픈
여수
여수 자꾸 부르면
지금 막 첫 생리를 한 소녀가
금방이라도 울먹일 것 같은
더 남쪽으로 떠나버린 애인의 뒷모습에
저릿저릿한 왼쪽 가슴 같은
안개 파먹은 수평선에
낡은 목선 묶어 두고
오래된 별 하나쯤 건져올 것 같은
그럼에도 내 이마 한 귀퉁이에는
이렇다 할 별의 흔적 하나 없어
옹알이만 은하수처럼 반짝이는데
엄마의 자궁에서 골목골목 다녔을 뿐인데
엄마의 어떤 기술이 내 태胎에 테를 둘렀기에

딱, 열 달 학습이
여수 골목골목을 다 안다는 건
참말 기이한 일이다

섬광처럼

전등사 나무 아래 잠든 시인 찾아
이 가을을 어찌면 좋겠느냐 토로하는데
시인은 병상에서도 쓰고 싶었다는데
제자 손바닥에 손톱 세워 한 자 한 자
마지막까지 썼다는데
일렁이는 가을 붉게 미쳐가는데
저물도록 나무 행간 읽다 일어서는데
난데없이 수풀에 내동댕이쳐지는데
야무지게 고꾸라지는데
꽃무릇 꺾어 찾아왔는데
툭, 툭 달그림자 털어내는데
으앗, 도꼬마리다

섬광처럼 꽃 피는 것 보았다는데

신간新刊

읽고 싶은 신간
말기 암 걸린 내 눈에 낯설게 들어오는데
다른 때 같았으면 반가워
한걸음에 달려 갔을 텐데
머물러 있을 시간이 짧을 거란 생각에
가만가만 반가움 접는데
있는 책들 다 어쩔 거냐 외려 옆구리 치고 드는데
모르는 척 오늘도 자판 두드려
책 만들고 있는데
누가 눈여겨보기나 할 건지 걱정 않는데
자꾸 신간에 눈길 가는 날
여기 더 머물 수 있게 되기를
뜨겁게 두 손 모으게 되는 날

김수정

눈밥 / 희망 요양원 / 장구
아들의 길 / 동지冬至

—
동행 동인

눈밥

감 따는 날
까치밥 몇 개
남겨져 있다

붉게 물든 가을이 우듬지에 매달렸다

어디선가 까치 소리가 들린다

감나무가 차려준 밥을 찾아
날아드는 까치

밥그릇이 비어가고 있다

종일 빈 나무를 흔드는 바람
무엇을 더 달라는 것인지…

감나무가 또 밥을 차린다
나뭇가지에 소복소복 눈밥이 담겼다

희망 요양원

비릿한 냄새가 마중 나왔다
나무 밑둥만 한 도마 위엔 투박한 칼이 꽂혀있었다

한물간 고등어
머리를 자르고 배를 갈라 소금 한 움큼 듬성듬성 뿌리면
검은 봉지에 고단한 하루가 달랑거렸다

좌판을 거둬들이는 시간
흥얼거리던 흘러간 노랫소리가
떨이요, 떨이!
마지막 손님을 부르는 파장으로 바뀌면
비린내에 젖은 손
시린 무릎에는 내일이 남아있었다

침대에 걸터앉은
어머니와 따라온 시장풍경
그 아린 시간들이 몸져눕는다

아들은 마른 눈으로 눈물짓는다

어젯밤 빈자리 하나가 생기고

아침에는 휠체어를 탄 노인이 희망을 안고 들어온다

장구

손에 잡힌
장구채가
서서히 움직인다

채가
속도를 내니
몸에 숨었던 춤이
몸 밖으로 흘러나온다

죽은 소는
죽어서도 매 맞아
울고

살아있는 사람들
그 울음이 흥겨워 덩더꿍,
흥이 난다

웃음과 울음이 어우러진 한판
눈은 커지고

코는 벌렁거리고
입은 열리고
어깨가 들썩인다

소가죽이 덩더꿍 울 때
얼쑤, 추임새가 흘러나온다

아들의 길

아버지는 가시나무를 자르고
동구 밖까지 길을 쓸어 주었습니다

속울음으로
불을 지피는 어머니
연신 앞치마로
눈물을 지우며
아들의 마지막
도시락을 쌌습니다

제발,
어머니의 한숨에도
어김없이
약속한 아침이 오고
말았습니다

뒤따라온 도시락 온기는 점점 식어가고
낡은 소맷귀로

해진 보자기를 끼고 백산*으로 오릅니다

* 백산 : 동학군의 주둔지

동지冬至

한 생각으로 둘러앉아
알을 빚는다

낮게 드리워진
구름은
겨울을 넘느라 부산하고

한 알 한 알
액厄을 건너기 위한 징검돌이 쌓인다

팥죽을 길에 뿌리던 거북손,
마주 잡고
성황당에 머리를 조아리면
간절한 마음 한구석에
소리 없이 핀
빨간 겨울꽃

꽃술들의 향기에
기침 소리는 슬며시 잦아들어

지친 시간은

팥죽 속으로 스미고

새알을 품은 새로운 달이 벽에 걸린다

김순희

충돌증후군 / 푸른 방 / 그늘 속에 품다
폐허 / 장수 전략

—

용인시 거주, 주부

충돌증후군

춘란이 노랗게 앓는다

원통형의 화분을 따라
돌돌 말린 하얀 뿌리들
매듭을 풀듯 살살 풀어보지만
자리다툼에서 진 것들은 이미 회복 불능이다

뭉툭 뭉툭 병든 뿌리를 잘라내는
어깨에 불쑥 튀는 불꽃,
조금씩 안으로 굽던 뼈와 뼈가 부딪치는 통증이
손목까지 울컥 번진다
내 안에 무엇을 놓치기 싫어
나는 그렇게 웅크렸던 것일까

춘란은 한결 가벼워졌다

깍지 낀 손을 뒤로 당겨 가슴을 편다
하얀 깃털 몇 낱 날릴 뿐
새장은 진작 비어 있었다

푸른 방

어느 겨울, 유치원이 보이는 언덕에 방 한 칸 세 얻어 살았지
노랑 모자들의 명랑한 노랫소리가
볕이 들지 않는 골목을 데우며 지나는 곳,
잡지책만 한 창문엔 서리꽃이 피었지
솜이불을 덮고 누워도 코끝이 시렸지만
유리컵 속에 뿌리 내린 고구마가
한줄기 햇빛에 기대 푸른 손바닥을 키우고 있었네
미지근한 아랫목에 이불을 뒤집어쓰고
벼룩시장 구인난을 뒤적거릴 때
별들이 마당으로 후드득 떨어졌을까
밤을 지나가는 바람에선 금속성의 소리가 났지
이 악물고 온몸으로 바람을 견뎌주던
임시로 만든 부엌의 비닐 벽은 위태로웠지
별들이 낮게 내려와 입 맞추는 언덕
전봇대에 매달린 둥근 갓 아래 육십 촉 알전구가
차가운 어둠을 제 힘껏 밀어내던 골목 끝
밤새 웅크리고 잠든 나를 깨우는 건
언덕배기를 건너온 한 조각 아침 햇살이었네
긴 겨울이 지나고 꽃샘하는 바람도 순해질 무렵

노란 깃털 벗어두고 한 뼘쯤 자라 떠나온
나의 푸른 방이 그해 겨울에 있었네

그늘 속에 품다

태화강 철새공원에
왜가리 한 마리가 갓 부화한 새끼를 돌보고 있다는 뉴스를 보았다
백 년 만에 찾아온 폭염은 새끼를 위협하는 포식자,
햇볕을 등에 지고 날개를 반쯤 펴서
차광막을 만든 어미는
내리꽂는 뜨거운 화살을 등짝으로 막으며
살살 날개를 움직여
곤한 바람을 새끼에게 보냈으리라

팔월의 태양이 볼륨을 최대치로 높인다
지열을 견디지 못한 아스콘이 들떴다
공사장 앞 도로에 물을 뿌리는 남자
불화살이 밀짚모자를 뚫는다
목덜미와 팔뚝이 빨갛게 익고,
소금기에 전 끈끈한 몸에서 쉰내를 풍긴다
일당 십오만 원,
일과를 마치면 남자는 하루 치 그늘을 사서 귀가할 것이다
그에게도 아직 날지 못하는 어린것이 기다리고 있을지 모를

일이다

폐허

오래전 그 집 쓰러졌습니다

근근이 자라던 남국의 파초가 마르고
십 촉 전구 아래 내 웅크린 등을 받아주던
묵묵한 바람벽은 흔적이 없습니다
꿈으로 무너진 낮은 지붕과 담장,
시큰한 가슴에는 바람만 맴돌고 있습니다

아무것도 남지 않은 이곳에
풀씨들 날아와
수풀을 이룰 수 있을까요
망초꽃 하얗게 피어날까요
흰 나비 이따금 날아와 얼굴을 부비다 갈까요
그리운 이름 부르는 풀벌레 소리 밤새 풀잎에 쌓일까요
안타까운 별들의 빛나는 눈물 지날까요
달이 부풀 때마다 환한 손이 슬픔의 껍질
하나씩 벗겨 줄까요

언젠가

겹겹의 슬픔 다 벗고 나면
가벼이 바람 되어
영원한 나의 집에 당도하는 날까지
옛터만 남은 가슴에도
따뜻한 그리움이 오래—?

머물 수 있겠는지요

장수 전략

시골 오일장 장꾼들 틈에
노랑 바지 저고리에 초록색 조끼
고운 한복에 중절모까지 쓰고
꽃단장한 할아버지가 앉아 있다

플라스틱 얕은 의자에 엉덩이를 붙이고
보따리에 눌린 머윗잎을 추려
바구니에 소담스레 담아내는 투박한 손길이 익숙하다

할아버지 새신랑 같으셔,
누가 이렇게 곱게 차려주셔요?
장날이면 으레 듣는 인사인 듯
할멈이지 누구여, 그래야 저승꽃이 가려져
저승사자가 와도 못 찾고 그냥 간다나 어쩐다나
웃으며 대답하는 주름진 얼굴이 샘물처럼 맑다

할머니 전략대로 오늘도 무사히
들고 온 봄나물을 일찌감치 떨이하고
막걸리 한 사발 먹고 가자, 저린 무릎을 펴는데

봄볕이 머물다 간 할아버지 따스운 등에
우쭐우쭐 연둣빛 새싹이 돋는다

*

김혜경

별별별 / 벚꽃 / 멸치
윷놀이 / 하루

*

—

한국문인협회 회원 「푸른 가정 그 이후」 수필 신인상 등단(2003), 해피 바이러스 김혜경의 『암치유 맘치유』 출간(2016), 『섬은 물소리를 듣지 않은다』, 『나비 날다』 등 동인 시집 다수, 편편힐링센터 대표, 고양공감 클래스 센터장

별 별 별

별 헤는 밤,
별 헤는 시인처럼
별을 보았다

별 볼 일 없는 내가
별이 된 당신을 만나
별자리가 되었다

별일이야
별꼴이야
별난 세상에 태어나
별별 일 겪어도
별자리를 떠나지 않는

나만의 무늬
우리만의 무늬로
별천지 세상,
별 잔치를 벌인다

벚꽃

벗이랑 걷고 싶은 벚꽃 길
벗이랑 먹고 싶은 달달한 팝콘
우리들 머리 위로 새하얀 팝콘 꽃이 피었다
하나 튀기 시작하면 연이어 아우성
여기도 팡, 저기도 팡
팡팡팡 팝콘 꽃이 피어난다

내 맘에 변치 않는
우정의 꽃도 팡팡팡
언제나 함께하고파
새하얀 웃음을 흩날리며 자꾸만 따라오는 팝콘 꽃

멸치

멸치 똥이라며 또 떼 내었다
멸치 몸에 비해 멸치 똥은 결코 작지 않았다
차 떼고 포 떼어도 여전히 살아남은 자
또 떼어도 멸치는 꿋꿋이 메마른 자신을 자책하지 않는다
대쪽같이 흔들림 없는 자세
고추장 속으로 첨벙,
성장기 어린이,
골다공증 갱년기 아줌마,
뼈 후들 어르신까지
작아도 작지 않은 녀석

작은 고추 맵듯
작은 멸치 한 마리
왕의 품격,
참기름에 자르르 흐른다

윷놀이

끝나기까지는 끝나지 않는 경기
윷가락 하나에 울고 웃는
신명 나는 인생
윷이야, 모야
에고, 하필 뒤또
때에 맞는 뒤또는 로또!

잡고 잡히는 릴레이
한순간도 긴장을 놓치지 않는 경기
윷가락 던지듯,
열정으로 던지는 인생

새 달력에 그려지는 네모난 윷판
새 달력에 새겨지는 새해 인생 한 판
그렇게 던지는 거야
그렇게 달리는 거야
윷판을 떠난 윷가락은 낙!
말씀을 떠난 삶도 낙!

윷판 위에 자유로이 춤추는 윷가락처럼
말씀 따라 신명 나게
열정으로 춤추는 한 해 되길
끝나기까지 끝나지 않는 삶의 경주를 향해!

하루

까만 하늘 동그란 보름달이 밤마실 나왔다
깊어가는 밤,
밝아오는 새벽,
환한 햇살에 가만히 부끄러워 도망간다
온종일 어딜 다녀왔냐며
태양의 톡 쏘는,
서로의 안부 묻기도 바쁘게
또다시 제 갈 길로 가버린 이
숨바꼭질 기다림에
어느새 얼굴이 반쪽이 된 반달 하나
제 살 깎아 기다림에 지친 달빛 소나타
먼발치서 바라만 보다
오늘도 하루가 간다

*

박동숙

인생 나무 / 천사의 나팔꽃
마음에 닿는 눈빛 / 꿈이 뭐야
세월의 섭리

—

초록사과극단 공감교육원대표, 공연예술통합지도교수, 신촌대학과장, 연세대 평생(미래)교육원 교수, 문학신문 림영창 대상 수상

인생 나무

청정함의 자태
오만함의 푸르름
한 잎 한 잎 물들여

삼동의 시려움
서릿발 숲에
생애를 매듭지어

내 어머니의 비옥한 자궁에
나 태어났듯이

초록은 그렇게
다시 태어난다

천사의 나팔꽃

고개 숙인 수줍은
겸손하면서도 장엄한
어찌 보면
백합의 머리 숙인 모습

살짝 고개 들려
꽃 속 유황에
성냥 그어대면
한판의 너울거리는
춤사위로

어두워져 가는 세상에

몸짓 속에 흔들리는
빛으로 태어난
천사의 나팔꽃
꽃등으로 피다

마음에 닿는 눈빛

마음에 닿는 눈빛은
길이가 없다
내 마음이 자 다

미움으로 또 아리 틀어
웅들아 진 눈빛은
흘겨보아
멀게 하고

그저
무엇을 해도
고와 보이는 것도
사랑의 렌즈가
씌어져
가깝게
고와 보이는
마음의 눈빛

꿈이 뭐야

꿈은 남이 비웃을 만큼
크게 꾸는 거라네

그럼
어떻게 꿔야 하는데
걱정하지 마

꾸고 싶은 꿈
뭐라도 괜찮아

되고 싶은
하고 싶은
이루고 싶은

언제 이룰 건지
다짐하면 돼지 돼지

정말
그게 될까 하고

생각하지 말고
됐다 하고
주문을 외워 봐

이왕이면
남이 비웃을 만큼
큰 꿈으로

세월의 섭리

구부렸던 무릎을 피려니
나도 모르게
으으 음
저절로 소리가 난다

저기서
얄밉게 야멸찬
내가 보인다

"상처도 없고 겉은 멀쩡한데 뭐가 그렇게 아파"

가슴 밑바닥을
후벼 파는 냉랭한
시려움에
겹겹이 설움을
눌러 놓았을
엄마
"그때는 몰랐어요"

이제 내 아픔으로
가슴팍 한곳에
회한의 물레 되어
두 곱 세 곱 세월의 섭리로
감아 돌린다

배옥순

분홍 원피스 / 간지럼 나무 / 돌
꽃이 웁니다 / 겨울잠

—

전북 무주 출생, 대전 거주, 동인지 『시삶』 외 다수

분홍 원피스

오일장 다녀온 바구니 속에
신문지로 싼 연분홍 원피스
숨죽이고 누워 있다

아버지 불호령에 초가삼간이 한 뼘 들렸다가 내려온다

해는 산모롱이를 돌고
무거운 발걸음 재촉하며 시장으로 향한다

늦은 저녁
어머니 손에는
주름 잡힌 고무줄 치마가 들려 있다

분홍 원피스, 초승달에 걸렸다.

간지럼 나무

내가 그대를 생각하는 건
꽃 한 송이 피고 지는 일이다

그대가 나를 바라보고 있을 때
얼굴이 붉어지고 쿵쿵거리는 가슴 끝
꽃잎 하나 매달아 놓는 일이다

누가 일찍 피고 늦게 피는지
따지지 않고 햇살 한 줌 바람 한 줄기
수피 긁어 간지러움을 태우는 일이다

아름다움이 저물고
절박한 순간, 바닥 끝에서
다시 한번 꽃잎으로 수놓는 일이다

내 길을 옳게 간다면 어둠을 걷고
꽃송이를 주렁주렁 매다는 일이다

돌

발길질에 넘어져도
추스르고 일어서는 꿋꿋함

도랑에 온몸 내어주고
쓸리고 쓸리며 구르고 싶었다

제 몸 깎아 만든 모래
헌 집 줄게 새집 다오

굴곡진 삶이어도 보듬어 살다 보면
자갈밭에도 꽃이 피겠지요

단단해지기로
했다

꽃이 웁니다

공원 한 중앙에
꽃 한 송이 울고 있습니다

아름답다고 입담은 늘어가는데
감흥 없는 웃음만 짓습니다

차일까 봐 빗금을 그어놓고
오가도 못하게 담을 쌓았습니다

어긋난 길을 택했던 생의 언저리
구멍이 숭숭 나 있습니다

뿌리 한번 내리지 못한 채
꽃 한 송이 울고 있습니다

꽃이라 불리어도 꽃이 아닌
웃는다고 웃는 게 아닌

낯선 이곳, 꽃이 웁니다

겨울잠

숲이 조용해요
초록은 사라졌어요
산새조차 숨을 죽여요
바람은 마른 풀잎 덮고 잠들었어요
빈 가지는 묵언 수행 중이에요
언 땅 눈송이 켜켜이 받쳐 이고
묵직한 계절을 맞고 있어요
견딘다는 건 호락호락하지 않아요
상처 무뎌질 수 있게
욕심과 기대도 내려놓아요
어둠은 일찍 찾아와요
따뜻한 봄이 오면 깨워주세요
이제 좀 잘게요

*

성정희

시와 변비 / 참깨 자긍심 / 부부
4월 예찬 / 효의 거리距離

—

한국방송통신대학교 국어국문학과 졸업, 제49회 신사임당의 날 기념 예능대회 시 장려상 수상, 사임당문학 시문회 회원, 『한국문인』 (시) 신인문학상 등단 (2019)

시와 변비

며칠째 밀어내지 못한다
나올 것 같은데
오늘은 나오겠지
기대를 하고 은밀하게
기도한다

먹고 마시고 삼킨 것들
최대한 압축하고
경제적으로 내보내려고
한 행을 고심한다

마음 흡족하게
상쾌한 기분으로
좋은 시 한 편
내보내기
오늘도 어렵다

참깨 자긍심

나는 가볍지만 싸게 팔리지 않는다
사람들 함부로 대하지 않는다
곡식 중에 아주 작아도 귀하게 대접한다
혼자 잘난 척 안 하고 여럿을 돋보이게 한다
일류 요리사나 초보 주부나
화룡점정畵龍點睛 내가 필요해서
뜨거운 프라이팬에서도
기분 좋게 톡 톡 가볍게 뛴다
감기몸살 입맛 잃은 주부
누워 계신 구순 할머니
내가 들어간 죽 기운 살린다
손바닥에 후 불면 날아갈 수도 있지만
존재감 가볍다고 날려버리지 않는다
청춘이나, 황혼이나
결혼하면 모두 내 이름을 쓰고 싶어 안달이다
"깨 볶는 냄새 진동한다."
"고소하다."
뜨거운 살 맛 오래오래 느끼고 싶다
모든 가정에 살타는 맛

많이 났으면 좋겠다

부부

익숙하다고 편하다고
두근거림 멈추지 않았으면 좋겠다
다리가 휘어지고 눈이 흐려도
심장 뜨겁듯
쿵쿵 뛰는 설렘 있었으면 좋겠다
아무것도 없어도
같이 있는 것으로 행복했던 시절
참 좋았다
처음보다 많이 가진 손
차가워지고
내 안의 나 떼를 쓴다

매일 아침 세수하듯
정결한 육체와 순결한 정신으로
처음 만난 순간 돌아가서
비릿한 냄새도
향수가 되어 안아주고 싶다

4월 예찬

살아 있는 것은 꿈틀거린다
불끈불끈 눌러 왔던 욕망
산에도 들에도
돌 틈에 눌려 숨조차 버거웠던 시절
이제 고개를 내밀었다

부지런하면
루비, 비취, 에메랄드
사파이어
다 내 몫이다

겨드랑이 땀이 밸 무렵
멀리 외출했다 돌아온
바람
아버지처럼 기침하면
주위엔 하얀 쌀 튀밥
한 섬은 쏟아진다
일 년 양식이 그득하다.

효의 거리距離

스마트폰 창
고향 집 전화번호 울리면
가슴 철렁

구순 되신 부모님
마음 졸인다

아들, 딸 있는
도시로 올라오세요
같이 살면 서로 좋잖아요

묵묵부답 아버지
잠시
어머니 말씀
열흘만 같이 있어 봐라

송명자

봄, 그 자리에 / 선운사 이야기
갯골 소금 창고의 추억 / 꿈 꾸는 우리 동네
아버지 거기 계신다

—

푸드표현 예술치료협회 회원, 세계 아동요리협회 회원, 동행 동인

봄, 그 자리에

새순, 물오른다
돌담 아래 내린 햇볕 꽃대 올리고
빼곡히 고개 내민 봄 내음
소리 없이 뒤척인다

두 팔 벌려 마중하는
이파리의 함성
나뭇가지에 걸려
발버둥치며 아프다

산사에서 들려오는
풍경소리
봄 머무는 자리마다
바람 타는 냄새 날린다

구름 속에 떠도는
사연 들이
주근깨처럼 박혀
허한 속내 흔든다.

선운사 이야기

나뭇가지에 걸리는
새소리 바람 소리
개울가 물소리
선운사 가는 길이 간지럽다

앞서거니 뒤서거니
잰걸음 발자국들
두 손 모은 내 마음
하늘에 닿겠네

단청 두른 기둥 휘감고 도는
하얀 바람
연줄에 꼬리 달고
마애불에 눈 맞춤 한다

동백숲이 서걱인다
붉은 동백, 동박새가 물어갔나
초록의 빈 둥지만 덩그러니

선운사 5월은 사연만 무성하고
추녀 끝 풍경소리 허공에 맴돈다

갯골 소금 창고의 추억

햇볕 휘감고 도는 소금 창고, 하루가 길다

짠내 나는 시간 속에
물길 실은 수차가 삐걱인다
여인의 들숨 날숨
지붕을 떠받치고
삶의 무게는 창고 안을 맴돈다

모두가 떠난 갯골
빛바랜 창고는
바람이 놀다 가고
햇볕 한 움큼 불러온다

지나간 한숨조차 그리워
두 귀 쫑긋 세워
창고 안을 더듬을 때

갈대숲 사각이는 소리에
숨죽였든

바닷물 모여든다

햇살에 반짝이는 추억
하얀 소금산이
엉금엉금 기어오른다.

꿈 꾸는 우리 동네

내려앉은 하늘이
방석을 편다

하얀 구름 뭉게뭉게
꽃으로 피어나고

바람에 밀려온 꿈들은
가방 속에 빼곡하다

날개 죽지 한껏 부풀어
비상 하는 곳

뚱뚱보 아저씨 편의점
미소가 환하다

주꾸미 할머니 매콤한 20년
손나팔 불고

미용실

의자는 기다림에 지친다

퍼즐 조각 맞추어가는 소란한 흔적 위로
파란 꿈
꿈틀거린다

낮달이 바다에 걸릴 때
별보다 더 반짝이는 우리 동네

아버지 거기 계신다

봄,
아버지의 화단이 기지개를 켠다

실눈 뜨는 목련
개나리 진달래 울타리 탱자나무
땅속 음악회로 나들이 갈 때

방긋이 봉우리 부풀리며
까치발 들고 나서는 이른 봄

동장군 칼바람이 꼬리 붙잡고
치자꽃 아가 손 호호 불며
차가운 손 녹일 때

아버지 화단이 장례식장 앞에 멈추었다
내 마음 천둥 번개에 갇히고

어두운 봄날에 피어난
달래 냉이 씀바귀나물 바구니는

동그마니 고독한 바퀴 위 를 맴돈다

*

우길선

나뭇가지 끝에서 바라보는 / 구름이 그려 놓은 가을

다래끼 / 도라지를 볶으며 / 고요한 것들

—

여주 거주, 이마트(여주점) 근무

나뭇가지 끝에서 바라보는

더듬이로 내려다본 저 아래
하늘 끝에서나 볼 수 있는 아련한
그리움은 아닐까

고샅에서 외투를 걸친 너를 보고
총총걸음으로 떨리는 손을 비비며
버스를 기다리는 너를 보고
강물을 바라보며 강처럼 흘러가고 싶어 하는
너를 보고 싶어서일 것이다

세찬 바람에 솜털로 몽우리를 감싸는 목련꽃은
시리도록 햇살을 받고 있다
몽우리 속에서 설렘으로 다듬고 또 다듬으며
봄을 기다린다

꽃이 피기까지 애써 추위와 싸우는 것들을 내려다본다

우리가 사는 곳, 가지 끝이 삶이다.

구름이 그려 놓은 가을

어디서부터 시작된 것일까
깃털이 하늘을 날아다닌다
고요 속인가 싶다가도
깃털이 뽑히는 허공이다
공룡이 깃털이 뽑힐세라 서쪽으로
줄행랑친다
내 갈비뼈가 하늘을 난다
욱신거리는 가슴, 허공처럼 가슴이 텅 비었다

이파리가 육체 이탈 중이다
길을 잃은 이파리
잔디 위에 누런 낯빛으로 사위어간다

은행나무는 이 모든 것을 지켜보며
가을을 삼킨다.

다래끼

물을 담고 싶었다
숭숭 뚫린 몸은
담지 못하고 흘려보내야 했다
계류유산된 아기가 흔적도 없이 사라지듯,
살리지 못한 어미의 눈물도 담지 못했다

바람의 모습도 담지 못하고
저 헛바람 난 뚫린 틈으로 허공이
빠져나가도 잡지 못했다
떠나버린 애인의 마음이 사라지듯이
그저 지켜볼 뿐

구멍 난 크기보다 큰 것은 걸러져
안도할 수 있었고
나물과 약초로 배고픈 이들에게
힘이 되고 먹을 양식이 되곤 했다

어깨에 멘 다래끼가 봄나물을 찾는다

도라지를 볶으며

아버지 흙으로 가시고
첫 기일

가스 불이 붉은 눈으로
프라이팬을 끌어안는다

들기름에 도라지가 숨 고르기를 하며
입김을 내뿜는다

아버지 살아생전
생신상도 오빠 몫인 양
한 번을 챙겨 드리지 못한 불효가
허공을 적신다

가시고도, 모든 가족이 하나가 되게 하는 아버지

단풍잎처럼 붉어지는 눈시울이 방 한 귀퉁이에서 서성인다.

고요한 것들

낙엽이 얼어붙어 말이 없고
솔방울이 얼어붙어 말이 없고
처마 끝 낙숫물이 얼어붙어 말이 없다
샛강이 얼어붙어 철새 떼 걸어 다녀도 강은 말이 없다

길가에 하얀 서리 앉고
쓰러진 새벽은 말이 없다
칼바람에 옷깃 여민 골목이 말이 없다
벼대궁만 남아 있는 논은 말이 없다

말이 없는 것들은 고요하다

*

유현숙

얼룩진 편지 / 눈물의 서 / 네 곁에 있어 줄게 3
생각의 깊이 / 멍에

울산 거주, 주부

얼룩진 편지

갑자기 살아온 날들이 부끄러워지기 시작했고
길 밖에서 만나는 사람들을 피해 골목길로만 다녔다
처마 밑 알전구를 올려다보다가 눈시울이 붉어지기 시작했을 때
편지를 쓰기 시작했다
너에게는 모든 것이 다 미안했다
쓸쓸한 것도 미안하다는 표시였다고 말해주었다
조금씩 편지가 젖기 시작하면서
어둔 골목길을 달리고 있었다
아직도 내겐 그리움이 남아 있었으므로
그대가 나를 쳐다보기 전에
도망쳐야 한다고 생각했다
쥐어짜면 붉은 노을밖엔 없는
저녁 무렵.

눈물의 서

슬픔의 꼬리를 물고
이 세상의 바깥에까지 쫓겨나가거든
훌딱 벗어버리고서 마음껏 울어라
눈밭에 뒹굴면서 비탈진 언덕을 넘어지면서
나를 후려치는 칼바람에도 슬퍼하지 마라
지친 몸 후벼 파인 영혼으로 누군가를 위해
울어다오
얼음 박힌 골방에 앉아 꼼짝도 할 수 없는
가련한 그대에게 뜨거운 입 맞추며
사랑했노라고 말을 하고
꽃은 제풀에 꺾어지고 시들어서 뚝뚝 떨어지는 밤
아침이 오면 어디에서 해가 뜰 것인지
어디로 해가 지는 것인지 분간할 수도 없는 영혼의
골짜기로 삭정이가 되지 못한 뼈들이 모이고 있다
눈물이라도 뿌려서 너의 희망이 될 수 있다면
실컷 울어주겠다
어둠의 자식들이 검은 도포를 입고 벌판을 달려오는 시간
피를 흘리며 일어서보지만
저 어둠을 막을 수 없을 때는

무덤 속으로 어둠을 끌어들여 자폭하는 꿈을 꾸며
공중누각에는 아직도
눈물이 채 마르지 않았다
슬픔이 다시 오려거든
이 슬픔이 다 마르거든 문을 두드려라.

네 곁에 있어 줄게 3

가을비에 젖지 마라!
안개에도 젖지 마라!
젖는다는 것은 내 안의 그리움을 내어 보이는 일이다
젖다가 보면 그리워지리라
섬이 해풍에도 발을 담그지 않는 것은
오랜 기다림을 견뎌낸 탓이었으므로
또 기다리는 일만 남았다
바다에 갈 적마다
안개에 갇힌 섬이 보이지 않아서 좋았다
그 섬으로 들어가면서
낯선 섬이 되리라
저녁 시간, 저무는 노을빛에
나를 감추고서 돌아가는 길이다
산속에 피어난 들꽃으로 다시
태어나고 싶다
기다리다 지는 꽃으로.

물속에 길이 있었다
길 속에도 물이 있었다

물과 길이 똑같아 보이는 것은
당연한 일이다
지나간 것들에게 미안한 것은
그리움 탓일 뿐
나는 절대로 그리움을 배신하지 않았다
길이 물이 되고
물이 길이 되었을 때
나는 비로소 용서의 은총을 입게 될 것이다
막차가 돌아오는 시간은
늘
서글픔을 안고 돌아왔다.

생각의 깊이

하루가 강물이라면 얼마나 오래 흘렀을까
만약 하늘이라면 또 얼마나 깊었을까
터널을 빠져나가지 못하는 기차는 깊은 한숨을
내쉬며 철교 위를 달리는 꿈을 꾼다.
일상에서 일어나는 일들이 먼지처럼 뽀얀 게
어디서부터 부유하는 것인지
햇빛에 반사되는 생각들의 끝을 찾을 수 없을 정도로 황망해지는 오후
초침과 분침은 자디잔 먼지들을
내 생에 쏟아 놓는다.
사람과 사람 사이는 그리움이 있어
누군가 건드리기만 하면 톡 피어나는 먼지들
그대를 생각하다 그립다는 단어를 떠 올리고
보.고. 싶. 다.라는 말이 생각나고
사랑이라는 말이 떠올랐다.
숨 쉬는 동안 무수한 말들이
일일이 다 기억할 수 없는 언어들
촘촘한 그물 속에 갇혀있다가 먼지로 피어오르는
언어의 유희들

그 안에 슬픔이 간혀있다는 것을 알았다.

생각의 틈 속에 끼어 있던 먼지들이었다.

기다린다는 것은 그리움이었다.

멍에

발자국을 밟으며 걸어간다.

움푹 팬 삶에는 늘 축축한 것들이 묻어있다.

때로는 개미들이 강을 건너지 못해 우회하는 일이 벌어지고

우리들의 삶도 가끔은 강가에서 이편과 저편에 서서 손을 흔들고 있지 않은가

두 손을 모아 그립다 보고 싶다

외쳐 보지만 삶이란 녹록지 않았으므로 결국엔 강가를 떠나

도회지를 배회하는 수밖에 없다

저마다 깊은 슬픔을 끌어안고서

눈을 감고 있다

시각장애인 부부가 찬송가를 부르며

지나가자 종말이 가까워졌음을

알아차리고는 일어나 지하도를 빠져나가는 것만이 유일한 몸짓이다.

사랑도 저렇게 홀가분하게 빠져나갈 수 있을까

바람보다 먼저 눕고

바람보다 먼저 일어나는 아득한

그리움

이젠 나도 새들처럼 날고 싶다
아득하게 더 멀리

*

이수진

사립문 / 억새 / 나의 어머니
겨울 바닷가에서 / 무엇으로 채울까

*

경북 안동 출생, 2016년 『문학공간』 시부문 신인상 수상, 시집 『그리움이라서』, 『사찰이 시를 읊다』, 도산안창호 백일장 우수상, 영산강빛고을 백일장 대상, 정조효 백일장 외 다수의 문학상 수상

사립문

열 손가락 관절 소리가
골목만 바라보며
긴 시간 버팀목 되어
묵묵히 서 있다

서걱이는 객짓밥에 무너지지 않도록
인기척 같은 파도 소리 들여놓은 마당으로
반쯤 문이 열려 있다

장맛비에 허물어지듯
움푹 패인 이마에는
주름만 골 깊게 쓰러지고
툇마루에 밥상 같은 햇살 차리느라
바쁜 손끝이 삐걱거린다

하루하루 고달픈 가슴
애써 뒤로하지만
몇 번의 어둠에 흔들리며 가로눕는
섬 같은 어머니의 거친 등.

억새

하늘만 보고 웃자란 백발들
시든 햇살을 머리에 이고
바람에 은빛 파도가 인다

긴 시간 덧입혀 놓은 계절을
벗어던지는
강변

너울로 이는 바람의 발자국을
다 받아 읽는다

한 아름 가을이 적어둔 저 편지
볕 좋은 창가에 꽂으면
떠난 시간이 되돌아올까

가늘게 떨리는 솜털 사이로
하얗게 피어나는 그림자들
노을로 붉게 덧칠하고

메마른 지난날

바람이 앉았다 간 자리

오늘따라

빛바랜 침묵만 흔들리고 있다

나의 어머니

햇살은 검게 탄 주름위에 내려앉고
투박한 미소는 옛이야기 껴안고 걷는다

달구지에 실어 나르던 가난에
뼈마디 시린 통증이 드나들고
막내 부둥켜안고 흘렸던
그 많은 눈물에
길목 느티나무 눈시울이 촉촉이 젖었다

떠나온 발자취 아직 그곳에 남아있을까
나무 그늘만큼 넓어진
가슴에 흐르던 연민의 무게
날갯짓하며 그곳으로 날아간다

빈 그릇에
그때의 달빛 가득 채워 넣으면
초하룻날 기억이 일렁거리고

어머니 손길 오롯이 새겨진 가을 툇마루에

옛 기억이 내려앉는다

겨울 바닷가에서

남녘 노을이 기우는 산모롱이
붉은빛 풀어지면
짠맛에 절여지는 하루의 끝

파도 소리 짜르르
발끝까지 밀려온다

모래성을 허물며
파도의 등을 밀던 바람이
해송밭으로 몰려간다

계절의 흔적이 바위틈으로
하얗게 부서진다

메마른 가슴에
독백으로 발자국을 찍는다

수많은 시간 느낌표에 울먹이던
해풍을 이겨내면

비릿한 내음이 철썩철썩
움츠린 날개 위로 흩어진다.

무엇으로 채울까

하얗게 부서지는 파도 소리
바다의 모노레일 위에 매달려 달린다

울림에 시린 마디들이
숲 자락에 들어서더니
푸른 이파리를 적신다

수직의 무게는 수평이 되어
흐느낌처럼 쏟아지면
바람이 가슴을 훑는다

발자국이 되어버린 시간이
바람에 젖은 콧잔등을 어루만지고
그대 모습을 그린다

이국의 향기에 턱을 괴더니
눈꽃 같은 그리움을
가지마다 매달아 흔든다

너울거리던 춤사위

주저앉히고

겹겹이 쌓인 고달픔이 낯설게 눕는다

침묵이 걸어 들어간 그 자리마다

거친 숨결을 다독인다

*

이숙희

나른한 식욕 / 저녁이 오기 전에
종로 피맛골에서 / 초저녁의 송도 / 여백

—
문화개발연구소 대표, 연세대학교미래교육원 교수, 세계아동요리협회 강서 지사장

나른한 식욕

잔잔히 다가오는 저녁
방금 켜진 등불의 어스름히 먼저 반긴다.
늘어진 허기가 기대하는 음식을 꿈꾸고
먹지 못했던 날들의 음식을 주문한다.
낯선 사람들이 모여 식사를 하고
한때
그 서러운 길 위에 낯선 바람
살 구멍으로 밀려들던 좌절을 밀어낸다.
눈물 마르기 전에
죽음의 행성에 가보기 전에
먹고 싶은 음식이 쌓인 채
세상의 새싹을 솎아서 만든
샐러드 한 입 입에 물고
잠시 앉아서 바람결 살피듯
느긋하게 식사를 한다.
허방을 디디던 발을 잠시 쉬고
음식물의 특수 기아를 기다리며
한 모금의 입자를 적신다.

저녁이 오기 전에

사방이 고요하다.
강을 건너지 못한 채
뭉클한 것들이 흰 눈처럼 스민다.

닳은 신발의 뒷굽이 기우뚱 넘어진다.
예외 없이 말소리는 야위어가고
벽을 기댄 얼굴이 이중으로 보인다.

덤덤하던 말이 허기진 뱃속으로 들어와
긴 문장이 되어 다시 입으로 나온다.
길이보다 팽창과 수축을 반복하던
눈물의 부피가 커져서 흘러내린다.

흠이 생기고 균열이 간 타이어처럼
열기를 불어넣는 일은 금물이다.
납작 엎드린 머릿속에 켜켜이
새겨둔 슬픔이 한 바퀴 돌아 나온다.

종로 피맛골에서

골목이 창백하다.
우리는 적당하게 행복하므로
작은 식당이든 큰 식당이든 상관없다.
햇볕이 줄어든 골목 안 식당
노릇한 고등어 살점을 떼어주며
네 생의 살점과 내 생의 뼈를 바라본다.
살아서 서로를 볼 수 있다는 것
이것을 행복이라고 하자.
간결한 식사를 하듯 말이 간결해져도
어두워진 곳에서도
빛으로 다가오는 너라는 기쁨이 있다.

초저녁의 송도

보름달을 본다.
검푸른 하늘 안으로 숨어버린 달빛
지나치는 너와 나를 발견할 수 없듯
생략된 페이지의 단어처럼 사라진다.
습한 공기가 손등을 핥으며 빠져나가고
위로의 말이
가슴으로 부딪치는 소리
바닥에 가라앉는다.
가장 깊은 곳에 가 닿지 못한 마음 한 자리
가로등 속 불빛 총총히 빛나듯
꿈꾸는 어린아이처럼 그네를 타보며
작은 별 큰 별 세아려 보는

여백

멋칫, 서 있다.
다 칠하지 못한 하루가 바닥에 떠 있다
먼지처럼 너를 잃고
떨림으로 진동할 때
몸 어딘가에서 새소리가 났다.
저녁은 어둠을 끌고 와 텅 빈 거실에
한기를 더하고
오래도록 마주 앉지 못한 식탁에
혼밥을 먹는다.
바나나 껍질처럼 검게 피어난 말들은
손등 위에서 시들어 버리고
명암이 희박한 허공에서 미끄러지는 생각
더 머무는 생을 견디기 위하여
왼쪽으로 기운다.

*

한진숙

바다를 담은 편지 / 윷놀이
나비가 되어 날다 / 추모공원에서 / 요양원

부천 거주

바다를 담은 편지

택배가 왔다
단단히 동여맨 스티로폼 박스 배를 가르자
푸른 바다가 꿈틀거린다
멸치가 뼈에 좋다며 크게 흘겨 쓴 편지
그녀의 날이 삼삼하다
갈치와 고등어, 성게죽과 전복죽 그리고 파닥이는 실 멸치까지,
꾹꾹 바다를 눌러 담았을 그녀
며칠 전 통화할 때 무심히 던진 말을
가슴에 담아두었나 보다
냉동실 칸칸이 은빛 바다를 채웠다
바라만 보아도 좋을 바다를 그대로 얼렸다
멸치를 볶는다
그녀의 바다가 내 안에 스민다
수평선을 품은 바다가
녹아내린다

윷놀이

하늘을 향해 오르다
떨어지는 생의 가락, 가락들
바람을 가르고 바람이 정하는 규칙에 따라
도, 개, 걸, 윷, 모,
게임은 시작되지
도와 모의 결과는 예측할 수 없는
경우의 수가 있기에
가끔은 앞선 너를 등에 업고 갈 수도 있어
탄탄대로 거침없는 질주를 하다 만난 '뒤 도'라는 표식 하나
장애물이 될 수도 점프를 할 수도 있지

어깨와 어깨를 부딪는 파안대소
거름이 되어
윷판 위에 말이 돌아가네
걸판진 삶이 돌아가네

나비가 되어 날다

퍼런 잎이 푸득푸득 날 것만 같은 배추
날아서 날아서 나를 흔든다
통통한 몸 반을 가르자
꽉 들어찬 속살, 노란 얼굴이 해맑다
온몸으로 스민 그늘과 햇빛에 그을렸을 날들이
꼿꼿한 줄기로 각을 세웠다
켜켜이 소금을 뿌리고 소금물에 담가놓으며
뒤집어 달래기를 수차례
달그락거리던 시간이 멈춘 자리에선
버거웠던 숨이 숨을 고른다
말랑하게 절어진 부드러운 몸
할랑해진 몸에 갖은양념으로 버무린 소를 넣었다
김치통에 붉은 가을 산이 내려앉았다
절여지며 비웠을 배추가 날아오른다
나비가 되어 날아간다

추모공원에서

켜켜이 쌓아놓은 가슴에 물이 고였다

입관예배 오전 11시
발인예배 오전 6시 30분

그리고
머무는 시간 하루 더
주인 없는 운동화는 홀로 남은 운동화 옆을 지킨다

그가 누리지 못한 계절들을 선물 받았다
고여있던 물이 쏟아진다
바람처럼 떠나야 할 마음의 무게라니,
남은 그늘을 염려하며 떠나는 그늘이다

태양이 빛을 발해도 추모공원 바닥은 얼어있었다
소리가 공간을 깨운다
이제는 안다
한 생애가 지는데 두 시간이면 족하다는 거,

불이 일어난다
죽은자의 그늘이 녹아내린다

바람 한 벌
훌훌,

요양원

生과 死의
경계가 사선으로 넘나드는 곳

문을 들어서자
죽음의 향기가 무리 지어 떠다닌다
일인용 작은 배드에 누워
링거줄 하나에
가는 숨이 가랑가랑 달려 있는
고개 숙인 할미꽃

그 넓던 바다
짜고 짜고 또 짜내더니, 온몸에 핀 소금 꽃
진액을 다 내어주고서야
쉼을 얻나 보다

*

허연희

단풍 / 갱년기 / 다짐
인생무상 / 삐딱선

사회복지학 석사, 인천강사교육원 대표, 한국평생학습교육원 교육이사,
한국교육컨설팅교육원 부원장.

단풍

그냥 예쁜 줄만 알았는데
나무들이 몸살 하는 거란다

그랬구나
너 그랬구나

묵묵한 희생 같아
다시 보니 더 예쁜 단풍

오늘 비로
그 아픔 마구마구 씻어내렴

갱년기

곁에서 누군가
갱년기로 힘들다 얘기할 때
나에게는 오지 않을 줄 알았지
난 그냥 쉽게 보낼 줄 알았지
그건 아니더이다

내가 겪는 갱년기 경험 삼아
그들에게 예방비법 전해준들
다들 '설마?' 하는 눈치라
맥 빠지더이다

당해야만 알 수 있는 너란 존재감
너란 놈의 끝은 어디이던가

오늘도
훅 들어오는
갱년기의 방문
이젠 '너 뭐니?'라며 넘겨주는
나에게 토닥토닥

다짐

봄을
누군가 시샘하나보다
나는 그러지 말아야지

-2018 무지 더운 봄날에-

인생무상

길가 널브러진
곳곳의 낙엽 무덤

네 발길 멈추게 하네

어제 내린 첫눈이
널
이렇게 밀어냈구나

낙엽도 가고
인생도 가네

삐딱선

여유 없는 맘
분노까지 차올라
삐딱선에 승차합니다

다행히
같이 분노하기보다
그러다 더 아프다며
그러니 털어 버리라며
위로해 주는
내 곁의 사람들이 참 좋습니다

그들 덕에
승차한 삐딱선에서 후딱 내립니다.

이 도서의 국립중앙도서관 출판예정도서목록(CIP)은 서지정보유통지원시스템
홈페이지(http://seoji.nl.go.kr)와 국가자료공동목록시스템(http://www.nl.go.kr/kolisnet)에서
이용하실 수 있습니다. (CIP제어번호 : CIP2019007757)

꽃에게 말을 걸다

초판 1쇄 발행 2019년 3월 11일

지은이 강미자, 김경희, 김금희, 김수정, 김순희, 김혜경, 박동숙, 배옥순,
성정희, 송명자, 우길선, 유현숙, 이수진, 이숙희, 한진숙, 허연희

펴낸이 임병천
펴낸곳 책나무출판사
출판신고 2004년 4월 22일(제318-00034)

주소 서울시 영등포구 신길3동 325-70 3F
전화 02-338-1228 **팩스** 0505-866-8254
홈페이지 www.booktree.info

ISBN 978-89-6339-612-5 03810